CB139938

EXERCÍCIOS PRÁTICOS
DE DINÂMICA DE GRUPO
Vol. II

SILVINO JOSÉ FRITZEN
(Ir. Amadeu Egydio)

EXERCÍCIOS PRÁTICOS DE DINÂMICA DE GRUPO
Vol. II

24ª Edição

VOZES

Petrópolis
1997

Rua Frei Luís, 100
25689-900 Petrópolis, RJ
Brasil

Esta é uma edição condensada e reformulada de *Exercícios Práticos de Dinâmica de Grupo e de Relações Humanas*, do mesmo autor.

ISBN 85.326.0209-6 (Obra completa)
ISBN 85.326.0210-X (Volume I)
ISBN 85.326.0211-8 (Volume II)

SUMÁRIO

PREFÁCIO

O OBJETIVO que motivou este segundo volume de *Exercícios Práticos de Dinâmica de Grupo e de Relações Humanas* está na finalidade própria e concreta dos exercícios. Assim, há os que visam a um maior conhecimento pessoal e melhor conhecimento dos outros; melhor interrelacionamento pessoal e maior integração grupal. Outros procuram despertar o sentido da solidariedade; de confiança mútua; o descobrimento do outro; levam à maturidade grupal; criam um ambiente de sinceridade e de amizade. Há técnicas que estimulam a interiorização pessoal, levando o indivíduo ao reconhecimento de suas limitações, suas deficiências, seus hábitos e inclinações negativas. Outros projetam o lado positivo da personalidade de cada um. Encontrarão ainda aqui técnicas que dinamizam um grupo, colocando-o em plano de trabalho em equipe, ou na busca de um consenso, impedindo-o a fechar-se sobre si mesmo, de maneira que cada pessoa poderá crescer dentro do grupo, e o grupo como tal poderá transformar o ambiente, mediante a promoção das pessoas ligadas a ele.

O importante para quem usar estas técnicas é vivenciá-las primeiro, para sentir o seu efeito transformante. Por isso entendo que não tem sentido um curso só de conteúdo técnico de Dinâmica de Grupo e de Relações Humanas. E' preciso um curso prático que vise à modificação de atitudes, comportamento dos membros, relacionamento interpessoal. E' preciso desinstalar a pessoa de seu individualismo, do seu egoísmo, e relacioná-la com os outros. O homem é essencialmente um SER COM, um ser em relação com os outros, um ser que depende dos outros para realizar-se, para amadurecer, e que sofre a pressão dos outros. As pessoas em geral têm pouca consciência disso e é algo que não se adquire através de conceitos teóricos senão através de uma vivência que modifique a mentalidade.

Assim, os grupos influenciam a maneira pela qual aprendemos. Aprendemos melhor e mais rapidamente em grupos. Grande parte de nossas crenças, atitudes e sentimentos adquirimos nos grupos. Pelo fato de fazermos parte de um grupo, modificamos muitas vezes nossos objetivos. A experiência do grupo atua sobre nós de tal modo que chega a modificar nossos hábitos de vida, de trabalho e ainda nossos objetivos de vida.

As nossas relações de grupo podem, algumas vezes, ser encaradas como um espelho no qual se reflete a nossa verdadeira personalidade. A nossa auto-estima aumenta quando achamos que nos parecemos com os nossos semelhantes. Ainda mais, os grupos nos dão ajuda e apoio reais, sem os quais, na verdade, não poderíamos sobreviver. Sente-se isto em ocasiões de tensões e em tempos de mudança. Como também os grupos sempre influenciam nas decisões ou quando nos defrontamos com alternativas.

Ao aplicar estas técnicas e estes exercícios não se pretende dar soluções aos problemas que surgem. O objetivo é despertar nas pessoas a consciência de que os mesmos existem, e caberá à responsabilidade individual enfrentá-los e a procura da solução que os mesmos requerem.

Ao animador do grupo cabe esclarecer as situações, levar as pessoas a interiorizar seus problemas, provocar uma sincera reflexão, despertar a solidariedade grupal e ainda criar um ambiente de compreensão e de aceitação mútua, de autêntica fraternidade e de acolhida, para que cada qual, sustentado psicologicamente, encontre resposta positiva às suas inclinações naturais de segurança, de reconhecimento, de aceitação e de valorização pessoal.

O Autor

EU TENHO VALOR

APESAR de minha máquina de escrever ser um modelo antigo, funciona bem, com exceção de uma tecla. Há 42 teclas que funcionam bem, menos uma, e isso faz uma grande diferença.

Temos o cuidado para que nosso grupo seja como essa máquina de escrever e que todos os seus membros trabalhem como devem.

Ninguém tem o direito de pensar: "Afinal, sou apenas uma pessoa e sem dúvida não fará diferença para o nosso grupo".

Compreendemos que, para um grupo poder progredir eficientemente, precisa da participação ativa de todos os seus membros.

Sempre que você pensar que não precisam de você, lembre-se da minha velha máquina de escrever e diga a si próprio: "Eu sou uma das teclas importantes nas nossas atividades e os meus serviços são muito necessários".

1 NOVOS NOMES

OBJETIVO: Atenuar o problema de estereótipos que sofrem as pessoas de um grupo e os preconceitos que por vezes aprisionam os indivíduos.

TAMANHO DO GRUPO: Qualquer tamanho de grupo.

MATERIAL UTILIZADO: Uma lista com nomes masculinos e femininos, se o grupo for misto.

AMBIENTE FÍSICO: Uma sala suficientemente ampla para acomodar todas as pessoas.

PROCESSO: O animador esclarece que para haver mais espontaneidade num grupo formado por pessoas que ainda não se conhecem existe uma oportunidade valiosa para se livrarem das expectativas resultantes de suas identidades passadas, adotando novos nomes, concordando em não falar sobre seus antecedentes, ocupação, cidade onde nasceram, etc. — pelo menos no início dos encontros. Às vezes, certas profissões, como sacerdote, religioso, médico, enfermeira, professor, etc., exigem certos tipos de comportamento, despertando reações estereotipadas. Para isso:

I. Antes de terem oportunidade de se conhecer os integrantes do grupo recebem nomes novos, sendo conhecidos apenas por esses nomes enquanto durarem os trabalhos do grupo.

II. Existem diferentes maneiras de distribuição dos nomes. Um deles é preparar uma lista de nomes masculinos e femininos e cada um apontar um nome ao acaso. Outro consiste em colocar cada pessoa diante do grupo, que passa a fazer várias sugestões até que um nome satisfaça tanto à pessoa como ao grupo. Outro, ainda, é cada participante escolher um nome que tenha alguma conotação a que aspire.

III. E' comum alguns participantes desejarem trocar os nomes durante a existência do grupo, ou voltar mais tarde a seus verdadeiros nomes, ou, em dado momento, querer revelar ou conhecer a própria identidade ou conhecer a de outro membro.

2 CONHECIMENTO PESSOAL
O GRÁFICO DA MINHA VIDA/I

OBJETIVOS: *a)* Dar a todos os participantes uma oportunidade de fazer um feedback de sua vida.

b) Todos poderão expressar suas vivências e sentimentos ao grupo.

TAMANHO DO GRUPO: Oito a dez membros. O exercício poderá ser feito com vários subgrupos, simultaneamente.

TEMPO EXIGIDO: Trinta e cinco minutos, aproximadamente.

MATERIAL UTILIZADO: Folhas de papel em branco, lápis ou caneta.

AMBIENTE FÍSICO: Uma sala com carteiras, suficientemente ampla para acomodar todos os participantes.

PROCESSO: **I.** O animador inicia explicando os objetivos do exercício. A seguir distribuirá uma folha em branco para cada participante. Todos procurarão traçar uma linha que, através de ângulos e curvas, represente fatos da própria vida. Os fatos podem limitar-se a um determinado período da vida: por exemplo, os últimos três meses ou o último ano.

II. O gráfico pode expressar vivências e sentimentos do tipo religioso, familiar, grupal ou social.

III. A seguir, um a um irá expor ao grupo seu próprio gráfico, explicando os pontos mais importantes.

IV. Terminado o exercício, seguem-se comentários e depoimentos dos participantes.

3 O GRÁFICO DE MINHA VIDA/II

OBJETIVOS: *a)* Representar graficamente os fatos mais importantes da própria vida.

b) Representar graficamente o lugar onde cada participante se encontra no momento atual, em relação à família, ao grupo, à sociedade, etc.

TAMANHO DO GRUPO: Oito a dez pessoas, aproximadamente. O exercício poderá ser feito com vários grupos, simultaneamente.

TEMPO REQUERIDO: Trinta e cinco minutos, mais ou menos.

MATERIAL EXIGIDO: Folha em branco, lápis ou caneta, para cada membro participante.

AMBIENTE FÍSICO: Uma sala suficientemente ampla, com carteiras para acomodar todos os membros participantes.

PROCESSO: **I.** O animador explica os objetivos do exercício. A seguir distribuirá uma folha em branco para cada participante. Todos deverão traçar numa linha graduada, de 0 a 100, o lugar em que cada um se encontra no momento, em relação à família, ao grupo, à sociedade, etc.

II. Ainda é facultado aos participantes para que assinalem atitudes prospectivas, isto é, como irá ser a vida de cada um, daqui a dez anos, por exemplo.

III. **A seguir, cada participante irá expor ao grupo o seu gráfico, explicando as razões das posições marcadas.**

IV. No final, haverá comentários e depoimentos, bem como troca de idéias sobre a experiência vivida.

OUTRAS FORMAS

1. Descrever cinco acontecimentos mais marcantes da própria vida, e apresentá-los ao grupo, em ordem de sua importância.

2. Descrever com dez palavras os traços da própria personalidade que mais marcam a vida.

3. Que epitáfio você gostaria para o seu túmulo?

4 COSME E DAMIÃO TORNAM-SE CONHECIDOS

OBJETIVOS: *a)* Ajudar os membros do grupo a se conhecerem facilmente de uma maneira não ameaçadora.

b) Explorar sentimentos que se originam em "tornar-se uma outra pessoa".

c) Explorar as dimensões de um encontro curto.

d) Enfatizar a necessidade em saber escutar cuidadosamente durante uma conversa.

TAMANHO DO GRUPO: Vinte e cinco pessoas, aproximadamente.

TEMPO EXIGIDO: Uns dez a doze minutos para o encontro de dois a dois, e mais dois minutos para a apresentação, por pessoa.

AMBIENTE FÍSICO: Uma sala bastante ampla para a formação de subgrupos a dois, com cadeiras.

PROCESSO: **I.** O animador forma subgrupos a dois, orientando a todos para que, durante cinco a dez minutos, procurem fazer um trabalho de conhecimento mútuo*. Nesta entrevista procurem conhecer-se, evitando os dados chamados demográficos (lugar do nascimento, o trabalho atual, etc.), mas, antes, focalizem as características pessoais de cada um. Esse exercício visa igualmente a treinar "saber ouvir". Para isso, convém assegurar-se de que entendeu bem, dizendo por exemplo: "o que ouvi dizer foi...".

II. Após dez minutos, forma-se o círculo maior, cabendo a cada participante apresentar o seu colega do subgrupo a dois. Para esse trabalho, aquele que fará a apresentação ficará em pé, por detrás da pessoa a ser apresentada, usando, ao falar, a primeira pessoa, como se ela própria fosse a pessoa que se apresentasse. Aquele que está sendo apresentado não pode intervir na sua apresentação, aguardando seu pronunciamento para o final do exercício.

III. No final, o animador coordena a discussão, procurando focalizar o que cada qual sentiu durante o exercício.

5 CONHECIMENTO PESSOAL

OBJETIVO: Procurar formar uma identificação pessoal.

TAMANHO DO GRUPO: Vinte e cinco a trinta participantes.

TEMPO REQUERIDO: Cincoenta e cinco minutos.

MATERIAL EXIGIDO: Guardanapos, de cores variadas.

AMBIENTE FÍSICO: Uma sala ampla, com cadeiras, para acomodar todos os participantes.

PROCESSO:

I. Durante os primeiros cinco minutos o animador solicita às pessoas participantes para que se concentrem, fechando para isso seus olhos, procurando uma interiorização e uma conscientização acerca dos próprios sentimentos do momento.

II. Decorridos os cinco minutos, e abrindo os olhos, o animador pede que cada qual, em silêncio, escolha um guardanapo, relacionando a cor do mesmo com os sentimentos do momento.

III. Prosseguindo, formam-se subgrupos obedecendo às cores do guardanapo, resultando daí grupos numericamente variados.

IV. Cada membro desses subgrupos irá explicar para o seu grupo o relacionamento encontrado entre a escolha da cor do guardanapo e os seus sentimentos do momento, levando para este exercício vinte minutos.

V. Findo esta etapa do exercício, todos se despedem uns dos outros, e o animador solicita que todos procurem expressar seus sentimentos do momento, através de uma forma dada ao guardanapo. O importante não é tanto se a forma dada ao guardanapo seja muito exata, mas o que esta forma representa.

VI. A seguir formam-se novos subgrupos, ajuntando os membros pela semelhança das formas dadas ao guardanapo, e durante vinte minutos cada qual irá expor ao grupo o significado do formato.

VII. Desfeitos os subgrupos, seguem-se, em plenário, os comentários acerca da vivência deste exercício.

6 TÉCNICA DE PENETRAÇÃO

OBJETIVOS: *a)* Vivenciar o desejo de merecer consideração e interesse.

b) Sentir a alienação, o isolamento, a solidão, sensação de estar excluído de um grupo.

TAMANHO DO GRUPO: Qualquer tamanho, uma vez que serão escolhidos membros para participar do exercício.

TEMPO REQUERIDO: Quinze minutos, aproximadamente.

AMBIENTE FÍSICO: Uma sala suficientemente ampla para poder acomodar todos os participantes.

PROCESSO: **I.** O animador escolhe umas cinco a sete pessoas que serão identificadas como "de dentro" e que ficam de pé, no centro do grupo, formando um círculo apertado com os braços entrelaçados. Tanto podem ficar viradas para dentro como para fora.

II. A seguir, escolherá uma pessoa do grupo que será o "intruso" e que deverá tentar penetrar no círculo de maneira que puder, e os componentes do círculo procuram conservá-lo fora.

III. O "intruso" tentará abrir o círculo e toma seu lugar ao lado dos outros como um membro regular, podendo o animador indicar outro membro como "intruso", já que essa atividade costuma despertar grande empatia.

IV. No final do exercício, os "intrusos" e os outros membros, que funcionaram como observadores, farão os comentários acerca da experiência. E' importante observar se os "intrusos" tentaram penetrar usando a força ou o diálogo.

1 TÉCNICA DO EMPURRÃO

OBJETIVOS: *a)* Clarear os sentimentos entre duas pessoas.

b) Aumentar o envolvimento das pessoas, desinibindo-as.

TAMANHO DO GRUPO: Qualquer número, uma vez que serão escolhidas algumas pessoas como membros de ação.

TEMPO REQUERIDO: Uns dez a quinze minutos.

AMBIENTE FÍSICO: Uma sala suficientemente ampla para poder acomodar todos os participantes.

PROCESSO: **I.** O animador coloca no centro do grupo dois participantes como membros de ação, para o exercício, que ficam de pé, frente a frente, as mãos palma contra palma e dedos entrelaçados.

II. Dando início ao exercício, as duas pessoas começam a empurrar-se, procurando fazer o outro recuar, enquanto as outras pessoas permanecem como observadores.

III. Após alguns minutos, o animador poderá indicar outras pessoas para o exercício do empurrão.

IV. O exercício finaliza com os comentários do grupo de ação e dos observadores.

8 CONHECIMENTO PESSOAL EM RELAÇÃO AO OUTRO

OBJETIVO: Desenvolver uma consciência própria, em relação às outras pessoas.

TAMANHO DO GRUPO: Vinte e cinco a trinta pessoas participantes.

TEMPO REQUERIDO: Trinta minutos, aproximadamente.

MATERIAL EXIGIDO: Nenhum.

AMBIENTE FÍSICO: Uma sala com cadeiras, suficientemente ampla para acomodar todas as pessoas participantes.

PROCESSO: **I.** O animador incentiva os participantes para que formem, em silêncio, subgrupos pares, com pessoas para as quais cada um se sente atraído, ou com maior afinidade.

II. A seguir estes subgrupos pares, durante cinco minutos, relatam um ao outro as razões desta atração mútua, procurando especificar as bases da mesma.

III. Passado o tempo, o animador solicita a formação, em silêncio, de novos subgrupos pares, com pessoas pelas quais não sentem afinidade, sendo, portanto, acentuadamente diferentes.

IV. Novamente estes subgrupos pares, durante cinco minutos, relatam um ao outro as razões destas diferenças que as mesmas sentem um do outro.

V. Em prosseguimento, o animador novamente ordena a formação, em silêncio, de novos subgrupos pares, com pessoas que não se sentem à vontade, uma em relação à outra.

VI. Ainda desta vez, durante cinco minutos, estes subgrupos pares relatam um ao outro as razões do desconforto que as pessoas sentem uma em relação à outra.

VII. Finalmente, seguem-se, em plenário, comentários acerca do exercício realizado.

9 INTEGRAÇÃO DE UM GRUPO HOSTIL

Quem trabalha com grupos enfrenta, não raras vezes, grupos considerados hostis. A hostilidade pode ter várias origens, tais como:

- quando os participantes não têm vontade de assistir aos cursos de treinamento;
- quando os participantes forem enviados, por ordem dos chefes, patrões e superiores, contra a própria vontade;
- quando o grupo tem preconceitos formados contra o curso ou contra os professores ou animadores;
- quando o grupo tem uma mentalidade já formada, acreditando não aprender nada de novo, sentindo-se auto-suficiente;
- quando as pessoas se sentem, por assim dizer, saturadas com cursos, congressos, simpósios e seminários;
- quando as pessoas que seguirem o curso sentirem que serão obrigadas a mudar de comportamento, de pensar e de sentir.

Diante de um grupo em que predominam estes elementos negativos, pode-se aplicar o seguinte exercício:

OBJETIVOS: *a)* Criar no grupo, considerado hostil, um clima positivo.

b) Integrar um grupo que resista ao treinamento.

TAMANHO DO GRUPO: Um número indeterminado de pessoas.

TEMPO EXIGIDO: Uma hora, aproximadamente.

MATERIAL UTILIZADO:
— Um quadro-negro ou diversas cartolinas (1m x 0,50).
— Lápis ou caneta.
— Folhas em branco.

AMBIENTE FÍSICO: Uma sala ampla que acomode todas as pessoas.

PROCESSO: **I.** O animador, sentindo que os participantes do treinamento apresentam, na sua maioria, resistência ao curso, o que é facilmente observável, pelo comportamento (por exemplo: no modo de agrupar-se, distante do animador), pede que formem subgrupos de três, com as pessoas mais próximas;

II. A cada subgrupo será distribuída uma folha, na qual deverão responder à seguinte pergunta: "Como vocês se sentem em estar aqui?" Solicita-se que cada subgrupo faça uma listagem de razões;

III. A seguir o animador pedirá que cada subgrupo faça a leitura de sua listagem, que será escrita no quadro-negro ou na cartolina, caracterizando os pontos considerados positivos e negativos;

IV. Usando os mesmos "trios", o animador pede para responder à segunda pergunta: "Como vocês se sentem com a minha presença aqui?";

V. Novamente as respostas serão lançadas no quadro-negro ou na cartolina, realçando-se os pontos positivos e negativos;

VI. Finalmente, o animador formula a terceira pergunta: "Como vocês se sentem em relação à pessoa que os mandou para o curso?", cujo resultado será lançado no quadro-negro ou na cartolina, destacando novamente os aspectos positivos e negativos;

VII. A seguir, forma-se o plenário para uma análise geral das respostas dadas às três perguntas. Geralmente pode-se observar que nas respostas à primeira pergunta predominam os aspectos negativos, e na segunda e terceira aparecem mais os positivos, o que demonstra que houve mudança de clima no curso, e maior integração.

10 EFICIÊNCIA DE UM TRABALHO DE EQUIPE

A CORRIDA DE CARROS

OBJETIVOS: *a)* Demonstrar rapidez num trabalho de equipe.

b) Desenvolver agilidade mental e capacidade de raciocínio.

c) Desenvolver a imaginação e a criatividade.

TAMANHO DO GRUPO: Diversos subgrupos de cinco a sete membros cada um.

TEMPO EXIGIDO: Aproximadamente vinte minutos.

MATERIAL UTILIZADO: — Uma cópia da Corrida de Carros, conforme se encontra no final do exercício.
— Lápis ou caneta.

AMBIENTE FÍSICO: Uma sala com carteiras para acomodar todos os membros participantes.

PROCESSO: **I.** A tarefa de cada subgrupo consiste em resolver, na maior brevidade possível, o problema da Corrida de Carros, conforme explicação na folha, que será entregue a cada pessoa do grupo;

II. A seguir, lê-se, em voz alta, o conteúdo da folha, e formam-se os diversos subgrupos para o início do exercício;

III. Todos os subgrupos procurarão resolver o problema da Corrida de Carros, com a ajuda de toda a equipe;

IV. Obedecendo às informações constantes da cópia da Corrida de Carros, a solução final deverá apresentar a ordem em que os mesmos carros estão dispostos com a respectiva cor, conforme chave anexa;

V. Será vencedor da tarefa o subgrupo que apresentar por primeiro a solução do problema;

VI. Terminado o exercício, cada subgrupo fará uma avaliação acerca da participação dos membros da equipe, na tarefa grupal;

VII. O animador poderá formar o plenário com a participação de todos os membros dos subgrupos, para comentários e depoimentos.

A CORRIDA DE CARROS

Oito carros, de marcas e cores diferentes, estão alinhados, lado a lado, para uma corrida. Estabeleça a ordem em que os carros estão dispostos, baseando-se nas seguintes informações:

1. O *Ferrari* está entre os carros vermelhos e cinza.

2. O carro cinza está à esquerda do *Lotus.*

3. O *McLaren* é o segundo carro à esquerda do *Ferrari* e o primeiro à direita do carro azul.

4. O *Tyrrell* não tem carro à sua direita e está logo depois do carro preto.

5. O carro preto está entre o *Tyrrell* e o carro amarelo.

6. O *Shadow* não tem carro algum à esquerda: está à esquerda do carro verde.

7. À direita do carro verde está o *March*.

8. O *Lotus* é o segundo carro à direita do carro creme e o segundo à esquerda do carro marrom.

9. O *Lola* é o segundo carro à esquerda do *Iso*.

CORRIDA DE CARROS

A SOLUÇÃO

1. O *Shadow*, cor *azul*.
2. O *McLaren*, cor *verde*.
3. O *March*, cor *vermelha*.
4. O *Ferrari*, cor *creme*.
5. O *Lola*, cor *cinza*.
6. O *Lotus*, cor *amarela*.
7. O *Iso*, cor *preta*.
8. O *Tyrrell*, cor *marrom*.

11 A CONSTRUÇÃO DE TIMES

OBJETIVO: Divisão de um grupo maior em subgrupos de trabalho a fim de aumentar a coesividade e identidade de grupo.

TAMANHO DO GRUPO: O exemplo que segue é de trinta e dois participantes, que são divididos em subgrupos de quatro.

TEMPO EXIGIDO: Trinta minutos, aproximadamente.

AMBIENTE FÍSICO: Cadeiras móveis para acomodar todos os participantes.

PROCESSO:

I. O animador enumera os participantes, usando um, dois, um, dois, etc..., formando assim dois grupos.

II. Os números "um" se colocarão num lado da sala, e os números "dois", no lado oposto.

III. Os números "um" começarão escolhendo sucessivamente um número "dois" para formar subgrupos de dois. Preferencialmente a escolha deverá recair sobre pessoas desconhecidas, na medida do possível.

IV. Uma vez formados os dois subgrupos de oito pares, eles serão novamente colocados um em frente ao outro.

V. Os subgrupos pares, após breve consulta entre si, convidarão um outro grupo par, do lado oposto, para integrar o grupo, formando assim "quartetos". O convite não pode ser recusado.

VI. Os quartetos, uma vez sentados, terão três minutos para consultar entre si qual o grupo do lado oposto que eles gostariam de integrar.

VII. A seguir, os quartetos, sucessivamente, convidam os outros para integrá-los. Agora, o convite pode ser recusado. Caso isto ocorra, outro grupo formulará o convite, até todos terem escolhido seu quarteto.

VIII. Os subgrupos de oito terão agora condições para trabalhar. Terão lucrado certo grau de coesividade através das decisões anteriores, e terão um senso de "pertencer", por terem aceito o convite, ou por ter sido aceito seu convite.

12 ENGANANDO O GRUPO

OBJETIVO: Focalizar a atenção sobre a confiança e a desconfiança, sobre a honestidade e a desonestidade, como medidas defensivas nas relações interpessoais.

TAMANHO DO GRUPO: Vinte e cinco pessoas, aproximadamente.

TEMPO REQUERIDO: Trinta minutos.

MATERIAL EXIGIDO: Folhas de papel, lápis ou caneta.

AMBIENTE FÍSICO: Uma sala com carteiras, suficientemente ampla para acomodar todos os membros participantes.

PROCESSO: I. O animador seleciona quatro ou cinco voluntários para que relatem três incidentes ocorridos durante a infância. Esses incidentes podem ser verdadeiros ou fictícios, ou, ainda, um verdadeiro e dois fictícios, ou dois verdadeiros e um fictício. Fica a critério dos relatores a forma de relato, bem como a seqüência. Deverão procurar não revelar quais os incidentes verdadeiros e quais os fictícios.

II. Caberá aos membros participantes adivinhar quais os incidentes verdadeiros e quais os fictícios. Cada membro procura anotar na sua folha os incidentes que julgar como certos e como fictícios.

III. Após o relato dos incidentes, e ouvindo o relator sobre os que foram verdadeiros e os fictícios, cada qual fará a contagem de quantas vezes foi enganado pelos relatores. Pode-se fazer um resumo no quadro-negro, para ver a freqüência dos enganos e acertos.

IV. Prossegue-se o exercício, formulando o animador as seguintes perguntas:

☐ Como se sentiram os relatores, no conflito entre a disposição para dizer a verdade e a busca de fantasiar uma mentira?

☐ Como se sentiram quando procuraram enganar o grupo?

☐ Que estratégia adotaram?

☐ Como se sentiram os participantes do grupo, sabendo que estavam ou não sendo enganados pelos relatores?

☐ Por que alguns participantes se deixaram enganar mais facilmente do que os outros?

☐ Lembrem-se de ocasiões em que foram enganados ou enganaram os outros? O que sentiram?

V. Ao finalizar o exercício, pode-se pedir depoimentos sobre o mesmo.

13 TÉCNICA DE PRESSIONAMENTO

OBJETIVOS: *a)* Investigar os sentimentos de poder-dependência-competição entre os participantes.

b) Vivenciar as emoções interpessoais da hostilidade e da competição.

TAMANHO DO GRUPO: A experiência pode realizar-se com a presença de qualquer número de participantes.

TEMPO REQUERIDO: Três a quatro minutos para cada díade.

AMBIENTE FÍSICO: Uma sala bastante ampla para acomodar todas as pessoas participantes do exercício.

PROCESSO: O pressionamento revela-se eficaz no caso de duas pessoas cujo relacionamento contenha elementos negativos não resolvidos. Para isso:

I. O animador coloca as duas pessoas de pé, frente a frente, no centro do grupo.

II. As duas pessoas receberão a seguinte instrução:

"Um de vocês coloque as mãos nos ombros do outro e pressione-o para o chão. Pode usar o método que quiser para derrubá-lo, mas ele tem de ficar de costas, ou fazer o que quiser. Depois disso, você tem de auxiliá-lo a pôr-se de pé. Novamente, ele auxiliará ou resistirá, conforme o que sentir". Terminado o exercício, invertem-se os papéis, repetindo tudo da mesma maneira.

III. Durante o exercício, o restante dos participantes serão os observadores.

IV. Após uns sete a oito minutos, os membros de ação e os observadores farão os comentários sobre as suas observações e reações.

14 AS EXPECTATIVAS DOS PARTICIPANTES E DOS ANIMADORES

OBJETIVOS: *a)* Promover para os membros participantes e para os animadores a oportunidade de examinar e de discutir as expectativas mútuas e as percepções relativas ao programa de treinamento.

b) Reduzir a distância entre os membros participantes e os coordenadores.

TAMANHO DO GRUPO: Subgrupos de seis a sete membros. E' possível coordenar vários subgrupos, simultaneamente.

TEMPO EXIGIDO: Aproximadamente uma hora.

MATERIAL UTILIZADO: Folhas em branco e lápis ou caneta.

AMBIENTE FÍSICO: Uma sala suficientemente ampla para acomodar todas as pessoas participantes.

PROCESSO: **I.** O animador solicita que todos os subgrupos procurem representar por um desenho: **a)** como eles se vêem como participantes do grupo e **b)** como eles vêem os animadores do grupo. Os animadores, por sua vez, formam um subgrupo separado e procuram representar, também através de um desenho: **a)** como eles se vêem como animadores do grupo e **b)** como eles vêem os membros participantes do grupo. Cada subgrupo terá quinze minutos para a **tarefa.**

II. A seguir, cada subgrupo escolherá um membro para apresentar no plenário o desenho grupal.

III. Finalizando, seguem-se os comentários e as discussões em plenário acerca do exercício feito.

15 RESTABELECIMENTO DA CONFIANÇA

OBJETIVOS: *a)* Melhorar a confiança mútua.

b) Restabelecer a confiança.

TAMANHO DO GRUPO: Pode-se orientar vários pares simultaneamente

TEMPO REQUERIDO: Trinta minutos, aproximadamente.

AMBIENTE FÍSICO: Uma sala suficientemente ampla que possibilite a locomoção fácil, por entre vários obstáculos, previamente colocados.

PROCESSO: E' um exercício, não-verbal, muito útil, se for feito seriamente.

I. O animador inicia explicando os objetivos do exercício e a técnica. Uma pessoa irá conduzir a outra por entre obstáculos.

II. A seguir, uma vez formados os subgrupos pares, inicia-se o exercício da confiança. A pessoa que for conduzida pelo colega fica com os olhos fechados.

III. Quem conduzir coloca seus braços sobre o ombro do colega, e durante oito minutos conduzirá, em silêncio, o seu parceiro por entre os obstáculos previamente colocados na sala.

IV. A pessoa conduzida ficará atenta às próprias reações e sensações.

V. Decorridos oito minutos, revezam-se os papéis, e o exercício prossegue por mais oito minutos.

Terminado o tempo, processa-se a troca de idéias acerca da experiência vivida. Cada qual irá expressar suas reações e suas sensações, procurando responder às seguintes perguntas: Qual a impressão que teve ao ser conduzido? Chegou a resistir a seu parceiro? Mostrou-se confiante ou hesitante? Como se sentiu com a reação do colega? Como se sentiu ao ser conduzido? Discuta seus sentimentos. Será que esta experiência serviu para melhorar suas relações? Procure relacionar estes sentimentos com o processo de comunicação com seus colegas. Faça alguma conexão com este processo de comunicação e com o relacionamento que você tem para com os outros. Será que precisa melhorar sua confiança nos outros? O que mais apreciou neste exercício?

16 ESCLARECIMENTO DE VALORES

OBJETIVOS: *a)* Demonstrar que o conceito de valores varia de acordo com as pessoas.

b) Conscientizar os membros participantes sobre o problema de valores diferentes.

TAMANHO DO GRUPO: Oito a dez pessoas, podendo fazer-se o exercício, com vários subgrupos, simultaneamente.

TEMPO REQUERIDO: Vinte e cinco minutos, aproximadamente.

MATERIAL EXIGIDO: Papel em branco, lápis ou caneta.
Redação de três frases.

AMBIENTE FÍSICO: Uma sala suficientemente ampla, com cadeiras, para acomodar todos os membros participantes.

PROCESSO: I. O animador explica inicialmente o exercício, e a seguir distribui uma folha com frases para cada membro, para que possa escolher uma dentre as três que achar a mais importante. As três frases podem ser, por exemplo:

- Ser generoso com as demais pessoas.
- Ser seu próprio chefe.
- Ter amigos compreensivos.

II. Feita a escolha, formam-se subgrupos, juntando-se os membros de acordo com a escolha feita: Aqueles que escolheram, por exemplo, a primeira frase, como sendo a mais importante, irão discutir as razões desta importância. Assim, formam-se subgrupos semelhantes, para cada combinação de frase.

III. Após uns dez minutos de discussão, forma-se o plenário, para expor a todos os participantes as razões da escolha de tal ou qual frase.

IV. No final, haverá um momento para depoimentos sobre a experiência vivida no exercício.

OUTROS TIPOS DE FRASES

- Sair de mim mesmo para ajudar os demais.
- Poder indicar aos outros o que fazer.
- Livrar-se das normas e das leis.
- Fazer o que for moralmente correto.
- Preparar os demais para ajudar-me.

17 UMA TÉCNICA NÃO-VERBAL DE CONTROLE

OBJETIVOS: *a)* Experimentar especialmente diferentes relações de poder.

b) Explorar os sentimentos de domínio e sujeição.

TAMANHO DO GRUPO: Qualquer tamanho, uma vez que serão escolhidos um ou outro membro para o exercício.

TEMPO REQUERIDO: Uns dez a quinze minutos.

AMBIENTE FÍSICO: Uma sala suficientemente ampla, com cadeiras.

PROCESSO: **I.** Para uma vivência de domínio, o animador coloca uma pessoa em pé, em cima de uma cadeira, que continua participando das atividades naquela posição.

II. As pessoas que estão sentadas nas cadeiras têm a impressão de ser subordinadas.

III. E' possível variar o exercício onde alguém pode sentar-se no chão enquanto os demais ficam sentados em cadeiras ou ficam sentados enquanto os outros ficam de pé nas cadeiras.

IV. E' extraordinário observar como essas simples modificações espaciais fazem aflorar sensações de conforto ou desconforto.

V. Prosseguem-se os comentários acerca da experiência.

18 SOLUÇÃO CRIADORA DE UM PROBLEMA

OBJETIVOS: *a)* Observar atitudes grupais na solução de um problema.

b) Explorar influências interpessoais na solução de um problema.

TAMANHO DO GRUPO: Vinte e cinco a trinta pessoas, sendo possível a formação de subgrupos de cinco, funcionando simultaneamente.

TEMPO REQUERIDO: Trinta minutos, aproximadamente.

MATERIAL EXIGIDO: Papel e lápis ou caneta.

AMBIENTE FÍSICO: Uma sala suficientemente ampla para acomodar todos os subgrupos ao mesmo tempo.

PROCESSO: **I.** O animador esclarece que se trata da solução criadora de um problema, para o qual deve ser procurado um consenso. Todos deverão prestar atenção acerca do processo da discussão, pois no final será analisado pelo grupo.

II. A seguir, o animador expõe o problema a ser solucionado pelos subgrupos, durante dez minutos: "Anos atrás, um mercador londrino teve o azar de ficar devendo uma grande soma de dinheiro a outra pessoa, que lhe fez um empréstimo. Este encantou-se pela jovem e linda filha do mercador. Propôs-lhe então um acordo. Disse que cancelaria a dívida do mercador, se pudesse desposar-lhe a filha. Tanto o mercador quanto a sua filha ficaram apavorados. Aí a pessoa que havia emprestado o dinheiro propôs que se deixasse a solução do caso à Providência. Para tal, sugeriu colocarem um seixo preto e outro branco dentro de uma bolsa de dinheiro vazia, e a moça deveria então retirar um dos seixos. Se retirasse o seixo preto tornar-se-ia sua esposa e a dívida de seu pai seria cancelada. Se retirasse o seixo branco, permaneceria com o pai e mesmo assim a dívida seria perdoada. Mas, recusando-se a retirar o seixo, o pai seria atirado na prisão e ela morreria de fome. O mercador concordou, embora constrangido. Eles estavam num caminho cheio de seixos, no jardim do mercador. O credor abaixou-se para apanhar os dois seixos e ao fazê-lo apanhou dois pretos e colocou-os na bolsa do dinheiro, que foi visto pela moça. Pediu então à moça que retirasse o seixo que indicaria não só a sua sorte, como também a de seu pai". Cabe então ao grupo encontrar a solução que a moça encontrou para poder continuar em companhia de seu pai e ter a dívida cancelada. (Solução: "A moça do conto meteu a mão na bolsa e retirou um seixo. Porém, antes de olhá-lo, desajeitada, deixou-o cair no caminho onde ele logo se perdeu no meio dos outros").

III. Após dez minutos, o animador pede aos subgrupos a solução encontrada e solicita que expliquem o processo usado para chegar à conclusão.

IV. Enquanto todos não tiverem encontrado a solução, pode-se continuar o trabalho, ficando os subgrupos, que terminaram como observadores, sem interferir nos debates.

V. A seguir, forma-se o plenário para comentários acerca do comportamento dos membros no grupo de discussão, focalizando as atitudes de:

a) membros que pouco participaram;

b) pessoas que dificilmente aceitaram as idéias dos outros;

c) elementos que ficaram nervosos, inseguros durante o debate;

d) demonstração de inibição, etc.

19 DAR E RECEBER AFEIÇÃO

OBJETIVO: Vivenciar os problemas relacionados com dar e receber afeto.

TAMANHO DO GRUPO: Qualquer número, uma vez que serão escolhidas algumas pessoas como membros de ação.

TEMPO REQUERIDO: Dependendo do número de pessoas que participarão como membros de ação.

AMBIENTE FÍSICO: Uma sala suficientemente ampla para acomodar os participantes.

ROCESSO: **I.** O animador apresenta o exercício, dizendo que para a maioria das pessoas tanto dar como receber afeição são questões muito difíceis. Para ajudar as pessoas a experimentar a dificuldade, usa-se um método chamado de "bombardeio intenso" Para isso:

II. As pessoas do grupo dirão à pessoa que é o foco de atenção todos os sentimentos positivos que têm para ela. Ela apenas ouve.

III. A intensidade da experiência pode variar de diferentes modos. Provavelmente a maneira mais simples é fazer a pessoa em questão sair do círculo e ficar de costas para o grupo, escutando o que é dito. Ou pode permanecer no grupo e lhe falar diretamente.

IV. O impacto é mais forte quando cada um se coloca diante da pessoa, toca-a, olha nos olhos e lhe fala diretamente.

V. Ao final haverá troca de comentários acerca da experiência.

20 EXERCÍCIO «DENTRO» E «FORA»

OBJETIVOS: *a)* Dar a conhecer-se.

b) Pôr os demais em contato com as dimensões mais profundas da intimidade de cada membro.

c) Criar laços de amizade e de compromissos mútuos.

d) Construir pontes de comunicação entre o "eu" e o "tu".

TAMANHO DO GRUPO: De dez a doze pessoas, por subgrupos, podendo o exercício ser feito com dois ou mais subgrupos.

TEMPO REQUERIDO: Trinta e cinco a quarenta minutos.

MATERIAL EXIGIDO: Nenhum.

AMBIENTE FÍSICO: Uma sala com cadeiras, suficientemente ampla para acomodar todos os membros participantes.

PROCESSO: **I.** O animador inicia o exercício, explicando os objetivos e mostrando, ainda, como o homem na sociedade atual é rodeado de outras pessoas, mas mesmo assim vive isolado. Usam-se muitos mecanismos de defesa nas relações com os outros, e pouco nos abrimos a uma comunicação verdadeiramente existencial.

II. A seguir, os membros participantes recebem um número, formando dois círculos, um representando os números pares e o outro os ímpares. Os números pares formam o círculo de "dentro" e os ímpares o círculo do lado de "fora".

III. O exercício se inicia, dando-se a palavra aos membros pares, ou seja, do círculo de "dentro". Cada participante, um a um, falará, comunicando-se, abrindo-se aos demais. Para isso poderá responder às seguintes perguntas:

a) Quem sou eu?
b) Como me vêem os outros?
c) O que busco na minha vida?
d) Algumas vivências que mais influíram na minha vida.

IV. Durante a exposição feita pelo subgrupo de "dentro" o subgrupo de "fora" permanece em silêncio, em observação. E' permitido aos colegas do subgrupo par colaborar, facilitando-lhes a comunicação, por meio de perguntas esclarecedoras. Não será permitida a discussão.

V. A seguir, os membros do subgrupo par ocuparão o círculo de "fora" e os do subgrupo ímpar o círculo de "dentro", cabendo a estes últimos responder às perguntas acima, comunicando-se com o grupo, enquanto os do grupo par permanecem em silêncio, como observadores.

VI. Terminada a comunicação dos dois subgrupos, forma-se o plenário para o "feedback" do exercício feito.

21 DINÂMICA DA EXCLUSÃO

OBJETIVOS: *a)* Permitir aos participantes experimentar conscientemente o que significa ser excluído do grupo.

b) Confrontar sentimentos que se originam da exclusão.

c) Experimentar os processos pelos quais a identidade social é concedida pelo grupo excluído e aceita pelos membros excluídos.

TAMANHO DO GRUPO: Um número ilimitado de grupos pequenos, compostos de cinco a seis pessoas cada um.

TEMPO EXIGIDO: Aproximadamente uma hora e meia.

MATERIAL UTILIZADO: Refrigerantes e biscoitos.

AMBIENTE FÍSICO: Uma sala suficientemente ampla com cadeiras onde vários grupos possam movimentar-se, sem prejudicar os outros.

PROCESSO: **I.** O animador forma subgrupos de cinco a seis pessoas, deixando uma pequena distância entre um grupo e outro.

II. A seguir, o animador orienta cada subgrupo no sentido de excluir um membro, baseado em critérios fixados e aceitos pelo grupo. Para isso, cada grupo terá vinte minutos para executar a tarefa. Assim que cada subgrupo tiver excluído um membro, esses serão encaminhados juntos para um lugar pré-fixado da sala.

III. Depois que todos os membros excluídos se encontrarem sentados no lugar pré-fixado, o animador pede que os outros subgrupos tomem seus refrigerantes com biscoitos, sem, contudo, se comunicar com o grupo dos excluídos.

IV. Após dez minutos, formam-se novamente os subgrupos, sem a presença dos membros excluídos, e o animador solicita que cada subgrupo indique um membro para falar em nome do subgrupo, no momento oportuno, explicando os critérios usados para excluir o membro. Convida, a seguir, o grupo excluído, para localizar-se no centro da sala, formando em redor os outros subgrupos.

V. O animador pede, a seguir, que cada membro excluído diga ao grupo as razões de sua exclusão, se acha que sua exclusão foi justificada, como ele se sente tanto em relação ao grupo que o exclui como em relação aos outros membros que integram o grupo dos excluídos.

VI. Depois que cada membro excluído tiver falado, o animador solicita do membro representante de cada subgrupo os critérios adotados pelo subgrupo para excluir o membro e porque ele sentiu que na pessoa excluída o critério foi encontrado.

VII. A seguir, os membros excluídos retornarão a seus grupos de origem, e prossegue-se a tarefa de reagir satisfatoriamente às fases iniciais do exercício.

VIII. Forma-se, a seguir, o grupo maior para o plenário, e o animador apresenta comentários acerca do exercício realizado, enfatizando os aspectos sociais da identidade social, as características da interação, entre pessoas "estigmatizadas" e pessoas "normais" e as características de interação entre pessoas "estigmatizadas".

22 EXERCÍCIO SOBRE «FEEDBACK»

OBJETIVO: Conscientizar os participantes acerca do "feedback".

TAMANHO DO GRUPO: Vinte e cinco participantes.

TEMPO REQUERIDO: Trinta minutos, aproximadamente.

MATERIAL EXIGIDO: Uma folha em branco, lápis ou caneta.

Relação das funções (conforme no final do exercício).

AMBIENTE FÍSICO: Uma sala suficientemente ampla, com cadeiras, para acomodar todos os participantes.

PROCESSO: **I.** O animador explica inicialmente o que se entende por "feedback", podendo usar para isso o texto que se encontra no final deste exercício e explicará as técnicas do "feedback".

II. A seguir, o animador proporá um assunto para debate. Uma vez determinado o temário, escolherá as pessoas que irão ser membros observadores, e o restante, membros de ação. Chamará os membros observadores à parte, dando-lhes uma cópia das funções que poderão observar nos membros de ação, durante o debate.

III. Em prosseguimento, dá início ao debate. O grupo terá quinze minutos para discussão. Somente o grupo de ação participará da discussão.

IV. Terminado o tempo, os membros observadores irão apresentar suas anotações, ou seja, apresentarão o "feedback" da discussão feita, valendo-se das funções constantes da folha que lhes foi entregue.

V. No final, os membros do grupo poderão apresentar seus depoimentos acerca do exercício.

O FEEDBACK

Feedback é um termo anglo-saxônico, introduzido nas relações vivenciais para definir um processo muito importante na vida do grupo. A tradução para o português não é fácil. Traduz-se por **realimentação** ou **reprovisão, observação interpretativa** ou **mecanismo de revisão.** Usa-se, principalmente, nos sistemas eletrônicos e também nas viagens espaciais para anotar o mecanismo que regula as naves no vôo espacial. A estação terrestre observa e obtém informações da nave que, por sua vez, envia informações para a terra, para prosseguir sua viagem ou para corrigir desvios da rota marcada.

Nós, igualmente, nos desviamos, às vezes, em relações interpessoais, do nosso modo de proceder e de interagir. Por isso, é de toda conveniência usar nosso próprio mecanismo de "feedback" para pôr-nos novamente em órbita.

Aplicado nas relações interpessoais, torna-se uma forma de ajuda a outra pessoa ou ao grupo, considerando a possibilidade de mudança na conduta. Consiste na informação verbal ou não-verbal, dirigida a outra pessoa ou grupo, tornando-a ciente como sua conduta nos está afetando.

A forma mais ordinária para se usar este mecanismo corretivo é dizer simplesmente o que está ocorrendo, assim, por exemplo: "parece-me que neste momento sua atuação é um tanto agressiva".

ALGUNS CRITÉRIOS PARA TORNAR O "FEEDBACK" MAIS ÚTIL E EFICIENTE

1. O "feedback" é mais descritivo que avaliativo. Evitando a linguagem avaliadora, reduz-se a necessidade da reação da outra pessoa a uma forma defensiva;

2. Deve ser específico e não geral. Em vez de dizer "você está sempre procurando dominar", melhor seria especificar o momento em que demonstra tal atitude;

3. Tomar em consideração as necessidades tanto daquele que recebe o "feedback" como daquele que o oferece. O "feedback" pode ser destrutivo quando só responde às necessidades daquele que o oferece, sem tomar em conta os da pessoa que o recebe;

4. Dirigir-se aquele comportamento que pode ser modificado, caso contrário aumentamos a frustração;

5. Deve ser solicitado e não imposto;

6. É preciso oferecê-lo em momento oportuno. É muitas vezes mais eficiente se for oferecido logo após a ocorrência da conduta, dependendo, naturalmente, do preparo da pessoa ou do grupo;

7. Deve ser comprovado para assegurar uma boa comunicação.

TÉCNICAS DO FEEDBACK/I

FUNÇÕES DESEMPENHADAS NO GRUPO

Os membros de um grupo podem desempenhar as seguintes funções:

A. FUNÇÕES POSITIVAS
Idéias:

1. *Esclarecedor:* Volta a enunciar uma questão ou uma solução, a fim de melhor esclarecer ou sintetizar depois da discussão;

2. *Interrogador:* Formula perguntas, busca orientação, solicita informações ou repetições para si ou para o grupo. E' um crítico construtivo;

3. *Opinador:* Apresenta sua opinião sobre algum problema ou questão e traz sua própria experiência para ilustrar o assunto;

4. *Informador:* Trata de informar o grupo com informações oportunas.

Emoções:

1. *Alentador:* Fortalece e anima o grupo; é amigo, cordial e diplomático;

2. *Harmonizador:* Está de acordo com o grupo, concilia opiniões opostas, compreende, cumpre, aceita e não é agressivo;

3. *Reduz tensões:* Ajuda o grupo com ocorrências espirituosas, reduzindo tensões.

Decisões:

1. *Incentivador:* Leva o grupo a tomar decisões, insiste no cumprimento do programa e induz à ação;

2. *Iniciador:* Sugere procedimentos, problemas e temas de discussão; propõe alternativas; é o homem das idéias.

B. FUNÇÕES NEGATIVAS

Idéia:

Obscuro e complicado: Quer cooperar, porém expõe tudo de maneira complicada.

Emoções:

1. *Agressor:* Luta pela sua posição; exibe-se, critica e censura os demais, procurando chamar a atenção sobre si mesmo. demonstra hostilidade contra o grupo, diminui os demais;

2. *Dominador:* Interrompe, monologa, é superafirmativo e dogmático, trata de dirigir o grupo, afirma a autoridade e é autocrítico;

3. *Negativista* (bloqueador): Rechaça idéias, adota uma atitude negativa em relação às perguntas, discute em momentos inoportunos, é pessimista e nega-se a cooperar;

4. *Desertor:* Retrai-se de alguma maneira, é indiferente e se mantém afastado. E' excessivamente formal. Sonha com os olhos abertos;

5. *Tímido e calado:* Não fala e é inibido;

6. *Zombeteiro:* Zomba dos demais; usa chistes para abandonar a tarefa.

TÉCNICAS DE FEEDBACK/II

CONTROLE EMOCIONAL:

Quem mais se exaltou?
Quem mais procurou moderar?

PLANEJAMENTO:

Qual o elemento que procurou planejar o assunto?
O assunto caiu no vazio? Quando?

PARTICIPAÇÃO:

Qual foi o elemento que mais falou e o que menos falou?

DESCENTRALIZAÇÃO:

Quem procurou compreender a idéia dos outros?
Quem agrediu o colega com palavras?

Quem fez mais perguntas?
Quem demonstrou maior interesse?

CAPACIDADE DE SÍNTESE:

Qual o membro que expôs a idéia com poucas palavras?

PROFUNDIDADE:

Quem demonstrou conhecer o assunto? Quando? Como?

PROVAS E EXEMPLOS:

Quem apresentou fatos para ilustrar as idéias?
Quem deu mais exemplos?

RELACIONAMENTO:

Quem foi o dono do grupo?
Quem impediu os outros de falar, ou cortou assuntos dos colegas?
Quem mais valorizou a opinião do colega?
Qual o elemento que melhor se relacionou com os companheiros?

CAPACIDADE DE EXPRESSÃO:

Quem procurou analisar todos os aspectos dos assuntos propostos?
Quem falou com mais clareza?

23 EXERCÍCIO DE SAÍDA

OBJETIVOS: *a)* Aliviar o excessivo controle interno do que o externo, de um grupo.

b) Libertar as pessoas contraídas, de suas inibições.

TAMANHO DO GRUPO: Qualquer número, uma vez que serão escolhidas algumas pessoas como membros de ação.

TEMPO REQUERIDO: Uns dez a quinze minutos.

AMBIENTE FÍSICO: Uma sala suficientemente ampla para acomodar todas as pessoas participantes do exercício.

PROCESSO: **I.** O animador escolhe umas seis a sete pessoas como membros de ação, que ficam de pé, no centro do grupo, formando um círculo apertado, entrelaçando os braços.

II. A seguir, o animador destaca uma pessoa, entre as mais inibidas, que fica de pé dentro do círculo e procura sair do jeito que puder, por cima, por baixo ou arrebentando a corrente de braços.

III. Os componentes do círculo tentam ao máximo contê-la e não deixá-la sair.

IV. O exercício se repete, com outros membros.

V. Ao final haverá depoimentos e comentários acerca da experiência entre os membros de ação e os observadores.

24 A HISTÓRIA DA «MÁQUINA REGISTRADORA»

EXERCÍCIO DE DECISÃO GRUPAL

OBJETIVOS: **a)** Demonstrar como a busca do consenso melhora a decisão.

b) Explorar o impacto que as suposições têm sobre a decisão.

TAMANHO DO GRUPO: Subgrupos formados com cinco a sete membros; sendo possível, orientar vários subgrupos, simultaneamente.

TEMPO EXIGIDO: Quarenta minutos, aproximadamente.

MATERIAL: Uma cópia da história da "Máquina Registradora", para cada membro participante e para cada subgrupo.

Lápis ou caneta.

AMBIENTE FÍSICO: Uma sala suficientemente ampla, com cadeiras, para acomodar todos os subgrupos.

PROCESSO: **I.** O animador distribui uma cópia da história da "Máquina Registradora" para cada membro participante, que durante sete a dez minutos deverá ler e assinar as declarações consideradas *verdadeiras, falsas* ou *desconhecidas.*

II. A seguir, serão formados subgrupos de cinco a sete membros, recebendo cada subgrupo uma cópia da história da "Máquina Registradora", para um trabalho de consenso de grupo, durante doze a quinze minutos, registrando novamente as declarações consideradas *verdadeiras, falsas* ou *desconhecidas.*

III. O animador, a seguir, anuncia as respostas corretas. (A declaração número 3 é falsa, e a do número 6 é verdadeira, e todas as demais são desconhecidas).

IV. Em continuação, haverá um breve comentário acerca da experiência vivida, focalizando-se sobretudo o impacto que as suposições causam sobre a decisão e os valores do grupo.

EXERCÍCIO DA «MÁQUINA REGISTRADORA»

A HISTÓRIA: Um negociante acaba de acender as luzes de uma loja de calçados, quando surge um homem pedindo dinheiro. O proprietário abre uma máquina registradora. O conteúdo da máquina registradora é retirado e o homem corre. Um membro da polícia é imediatamente avisado.

Declarações acerca da história:	Verdadeiro —	Falso —	Desconhecido
1. Um homem apareceu assim que o proprietário acendeu as luzes de sua loja de calçados	V	F	?
2. O ladrão foi um homem. . .	V	F	?
3. O homem não pediu dinheiro	V	F	?
4. O homem que abriu a máquina registradora era o proprietário	V	F	?
5. O proprietário da loja de calçados retirou o conteúdo da máquina registradora e fugiu	V	F	?
6. Alguém abriu uma máquina registradora	V	F	?

7. Depois que o homem que pediu o dinheiro apanhou o conteúdo da máquina registradora, fugiu .... V F ?

8. Embora houvesse dinheiro na máquina registradora, a história não diz a quantidade .... V F ?

9. O ladrão pediu dinheiro ao proprietário .... V F ?

10. A história registra uma série de acontecimentos que envolvem três pessoas: o proprietário, um homem que pediu dinheiro e um membro da polícia .... V F ?

11. Os seguintes acontecimentos da história são verdadeiros: alguém pediu dinheiro — uma máquina registradora foi aberta — seu dinheiro foi retirado e um homem fugiu da loja .... V F ?

25 CARACTERÍSTICAS DE UM LÍDER

OBJETIVOS: a) Comparar os resultados de uma decisão individual com uma decisão grupal.

b) Explorar valores que caracterizam um líder.

TAMANHO DO GRUPO: Seis a doze participantes em cada subgrupo, sendo possível orientar vários subgrupos, simultaneamente.

TEMPO EXIGIDO: Aproximadamente uma hora.

MATERIAL: a) Uma cópia das características de um líder, conforme consta no final deste exercício, para cada participante.

b) Lápis ou caneta para cada participante.

AMBIENTE FÍSICO: Uma sala, com cadeiras, suficientemente ampla, para acomodar todos os participantes.

PROCESSO: I. O animador, caso o número de participantes for acima de doze pessoas, formará subgrupos para facilitar o trabalho, distribuirá uma cópia das características de um líder.

II. A seguir, todos procurarão tomar uma decisão individual, procurando seguir as instruções que se encontram na folha que todos receberam.

III. Durante aproximadamente dez minutos todos procurarão fazer a seleção das características, colocando-as em ordem de prioridade.

IV. Uma vez terminado o trabalho individual, o animador determina que se faça uma decisão grupal. Em cada subgrupo se fará a indicação de um relator, a quem cabe anotar a decisão do grupo, para posteriormente ser relatado no plenário. Durante aproximadamente trinta minutos processa-se então a discussão grupal, em torno da classificação das características de um líder.

V. Numa discussão final, todos os relatores dos subgrupos apresentam em plenário o resultado da decisão grupal.

Relação das características de um líder

1. **Instruções:** Abaixo há uma lista de doze características de um líder. Seu trabalho será de enumerar essas características, colocando o nº 1, para aquela característica que no seu entender é a mais importante, o nº 2, para a segunda característica mais importante, até o nº 12, para aquela que no seu entender é menos importante para um líder.

DECISÃO

2. **Individual:** | **Grupal**

A. Mantém a ordem durante todo o tempo da reunião.

B. É amigo e social.

C. Tem idéias novas e interessantes: é criativo.

D. Sabe escutar e procura compreender as outras pessoas.

E. É firme e decidido, não hesita.

F. Admite abertamente seus erros.

G. Procura fazer entender a todos.

H. Promove oportunidade para que todos os membros ajudem na solução dos problemas.

I. Sabe elogiar com freqüência e raras vezes critica negativamente.

J. Gosta de conciliar.

L. Segue rigorosamente as regras e os procedimentos.

M. Nunca manifesta rancor e insatisfação.

26 NECESSIDADES INDIVIDUAIS NO EMPREGO

OBJETIVOS: a) Conscientizar os indivíduos acerca de suas necessidades pessoais de trabalho e como estas variam em intensidade.

b) Permitir que os participantes do grupo descubram o relacionamento existente entre suas necessidades e suas oportunidades em encontrá-las.

c) Valorizar a teoria que relaciona as necessidades individuais com as da empresa.

TAMANHO DO GRUPO: Vinte e cinco a trinta pessoas, aproximadamente.

TEMPO EXIGIDO: Uma hora, aproximadamente.

MATERIAL: Uma folha de papel em branco e lápis, para cada participante. Um quadro-negro ou folhas de cartolina.

AMBIENTE FÍSICO: Uma sala, com cadeiras, suficientemente ampla para acomodar todas as pessoas participantes.

PROCESSO: I. O animador solicita a todos os participantes para que façam uma relação, respondendo, com frases curtas, à seguinte pergunta: "O que você espera com o seu trabalho"?

II. Após uns sete a oito minutos, organiza-se, ou no quadro-negro ou numa cartolina, uma lista que contém as respostas individuais dos participantes, onde possivelmente teremos respostas como: bom salário, promoção pessoal, sucessão pessoal, boas condições de trabalho, segurança, liberdade, "o sentido de pertencer", estar com os outros, desafios, apoio, etc.

III. Uma vez terminada esta lista, pede-se que a mesma seja copiada por todos os presentes, colocando-se em primeiro lugar aquela frase que no entender de cada um é a mais importante, no emprego atual, e assim por diante, até a última da relação, para aquela que no seu entender é a menos importante, no momento.

IV. A seguir, formam-se subgrupos para que os participantes possam trocar idéias acerca dessas necessidades básicas no seu emprego atual.

V. Depois deste debate, o animador pede que a lista seja guardada, e cada qual, numa nova folha, fará outra relação, colocando em primeiro lugar aquela necessidade que ele sente ter a maior oportunidade de satisfazer no emprego atual, e assim por diante até a última, que ele sente ter menos oportunidade de satisfazer.

VI. Terminada esta relação, a pedido do animador, todos podem comparar esta lista com a primeira, e formar subgrupos de dois, para a troca de idéias, acerca do paralelo estabelecido.

VII. Segue-se em plenário um debate acerca do exercício feito, podendo cada participante focalizar os pontos altos da experiência.

VIII. Por último, o animador, juntamente com o grupo, poderá aplicar as necessidades individuais de traba-

lho à hierarquia das necessidades básicas, imaginada por Abraão Maslow, e teremos o seguinte resultado:

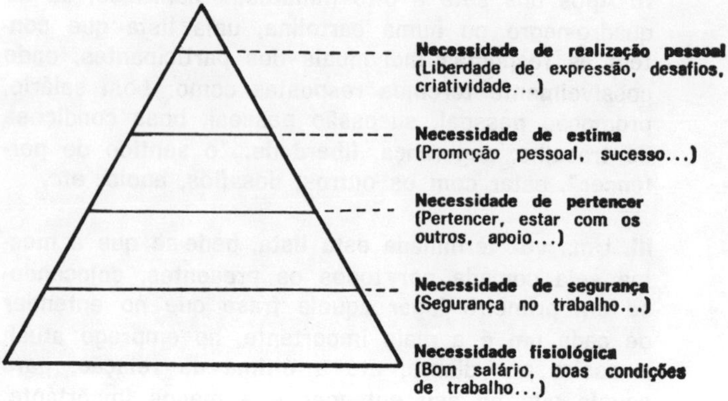

27 NECESSIDADES DA EMPRESA

OBJETIVOS: **a)** Procurar que os participantes sejam capazes de identificar as expectativas que as empresas têm dos empregados.

b) Contrastar as necessidades das pessoas com as das empresas.

c) Introduzir a noção do contrato psicológico.

TAMANHO DO GRUPO: Vinte a vinte e cinco pessoas, aproximadamente.

TEMPO EXIGIDO: Trinta minutos.

MATERIAL: Folhas em branco e lápis para cada participante.

Um quadro-negro ou cartolinas.

AMBIENTE FÍSICO: Uma sala suficientemente ampla, com cadeiras, para acomodar todas as pessoas participantes.

PROCESSO: **I.** O animador organiza com o grupo uma lista de expectativas específicas que a empresa espera de seus empregados. A relação é feita ou no quadro-negro ou numa cartolina, onde possivelmente podemos encontrar: um trabalho altamente qualificado, lealdade para com a empresa, o crescimento de seus empregados, a satisfação dos empregados, co-responsabilidade para com a empresa, conformidade, idéias criadoras, um *status quo*, cooperação, etc.

II. A seguir, o animador sugere que seja estabelecido um paralelo entre as necessidades individuais, do exercício anterior, e a relação das expectativas da empresa, em relação aos seus empregados. As duas listas podem apresentar-se como:

Necessidades individuais	Necessidades da empresa
Bom salário	Um trabalho qualificado
Promoção pessoal	Lealdade para com a empresa
Boas condições de trabalho	Satisfação dos empregados
etc.	etc.

III. Feito este confronto, segue-se, em plenário, uma troca de idéias acerca desse contrato psicológico entre o indivíduo e a empresa.

28 EXERCÍCIO DO EXAME PESSOAL

OBJETIVOS: a) Conscientizar-se acerca das estratégias usadas nas situações de conflito.

b) Examinar os métodos usados para resolver os conflitos.

c) Introduzir estratégias para negociar e apresentar habilidades para negociações.

TAMANHO DO GRUPO: Vinte a vinte e cinco pessoas.

TEMPO EXIGIDO: Aproximadamente trinta minutos.

MATERIAL: Lápis e papel para todos os participantes.

AMBIENTE FÍSICO: Uma sala suficientemente ampla, com cadeiras para acomodar todos os participantes. Um ambiente silencioso.

PROCESSO: I. Os participantes são convidados, pelo animador, a fazer um exercício de fantasia, com o objetivo de examinar suas estratégias na solução de conflitos individuais. Durante aproximadamente cinco minutos, o animador conduzirá o grupo através da fantasia que se segue.

II. O animador convida, a seguir, os participantes para que tomem uma posição confortável, fechem os olhos, procurando recolher-se, desligando-se do resto, relaxando completamente.

III. Em continuação, o animador começa dizendo: "Todos estão agora caminhando pela rua, e de repente observam, a certa distância, que se aproxima uma pessoa familiar a eles. Eis que a reconhecem.

IV. É uma pessoa com a qual estão em conflito. Todos sentem que devem decidir rapidamente como enfrentar a pessoa. À medida que esta se aproxima, uma infinidade de alternativas se estabelece na mente de todos. Decidem agora mesmo o que fazer e o que irá acontecer. E o animador pára a fantasia. Aguarda um pouco. A seguir dirá: "A pessoa passou. Como se sentem? Qual o nível de satisfação que estão sentindo agora?"

V. Continuando, o animador pede às pessoas do grupo que voltem à posição normal e abram os olhos.

VI. Assim que o grupo retorna da fantasia, durante cinco minutos, todos os membros deverão responder por escrito às seguintes perguntas: **a)** Em que alternativas pensou? **b)** Qual a alternativa que escolheu? **c)** Que nível de satisfação sentiu no final?

VII. Cada participante deverá a seguir comentar com outros dois colegas as respostas às perguntas anteriores, ficando um encarregado de fazer uma síntese escrita.

VIII. Ainda em continuação, o animador conduzirá os debates em plenário onde serão relatadas as sínteses dos subgrupos. Observa-se, em geral, que as estratégias mais empregadas se resumem em evitar, adiar e confrontar os conflitos.

IX. Por último, através da verbalização, cada participante expõe suas reações ao exercício realizado, e o animador fará um comentário sobre o problema dos conflitos, podendo valer-se do conteúdo seguinte:

ESTRATÉGIAS PARA A SOLUÇÃO DE CONFLITOS

O CONFLITO é uma realidade do dia-a-dia de uma pessoa. Ou em casa ou no lugar de trabalho, as necessidades e os valores da pessoa entram constantemente em choque com os das outras pessoas. Há conflitos relativamente pequenos e fáceis de vencer. Outros são maiores, e requerem uma estratégia para uma solução satisfatória, do contrário elas criam tensões constantes e inimizades em casa ou no trabalho.

A habilidade em solucionar satisfatoriamente os conflitos é provavelmente uma das mais importantes que uma pessoa pode possuir do ponto de vista social. Além disso, há poucas oportunidades formais em nossa sociedade que a ensinam. Assim como qualquer outra habilidade humana, a solução de conflitos pode ser ensinada. Como outra habilidade, ela consiste numa infinidade de sub-habilidades, cada uma separada e mesmo assim interdependente. Estas habilidades precisam ser assimiladas, tanto no nível cognitivo como no nível comportamental.

As crianças solucionam seus conflitos através de suas estratégias próprias. Embora estas estratégias nem sempre solucionem satisfatoriamente seus conflitos, mesmo assim elas continuam a usá-las na falta de mais esclarecimentos acercá de outras alternativas.

A solução dos conflitos pode ocorrer mediante três estratégias: evitando-os, adiando-os e confrontando-os.

Evitar e confrontar são estratégias diametralmente opostas.

Há pessoas que procuram evitar situações conflitantes e outras que procuram fugir de certos tipos de conflitos. Tais pessoas tentam reprimir reações emocionais, procurando outros caminhos, ou mesmo abandonando inteiramente a situação. Isso ocorre porque ou as pessoas não sabem enfrentar satisfatoriamente tais situações, ou porque não possuem habilidades para negociá-las satisfatoriamente.

Embora as estratégias de evitar tenham um certo valor nas ocasiões em que a fuga é possível, elas geralmente não fornecem ao indivíduo um alto nível de satisfação. Elas tendem a deixar dúvidas e medos acerca do encontro do mesmo tipo de situação no futuro, e a respeito de valores como coragem e persistência.

A tática consiste essencialmente numa ação de protelação, em que a situação se resfria, ao menos temporariamente, o assunto permanece não muito claro, e uma tentativa de confronto é improvável. Assim como no caso anterior, a estratégia do adiamento resulta em sentimentos de insatisfação e insegurança acerca do futuro, o que preocupa a própria pessoa.

A terceira estratégia envolve um confronto com as situações e pessoas em conflito. Este confronto pode, por sua vez, subdividir-se em estratégias de poder e de negociação. As estratégias de poder incluem o uso da força física e outras punições. Tais táticas são muitas vezes eficientes. Geralmente há um vencedor e um vencido. Infelizmente para o vencido o conflito muitas vezes recomeça. Hostilidade, angústia e ferimentos físicos são muitas vezes as conseqüências das táticas dos protagonistas da estratégia do poder.

Usando a estratégia da negociação, ambos os conflitantes podem ganhar. O objetivo da negociação consiste em resolver o conflito com um compromisso ou a solução que satisfaz a ambos os envolvidos no conflito. Tudo indica que o uso da estratégia da negociação fornece geralmente uma quantidade maior de conseqüências positivas, ou, ao menos, poucas conseqüências negativas.

Porém as boas negociações exigem outras habilidades que precisam ser aprendidas e praticadas. Tais habilidades incluem a habilidade de determinar a natureza do conflito, eficiência em indicar as negociações, habilidade em ouvir o ponto de vista do outro, e o uso do processo da solução do problema através da decisão do consenso.

29 AS PRIMEIRAS IMPRESSÕES

OBJETIVO: Explorar a riqueza de comunicação encontrada num corpo humano silencioso.

TAMANHO DO GRUPO: Vinte e cinco a trinta pessoas, aproximadamente.

TEMPO EXIGIDO: Uns trinta minutos, dependendo em parte do número de pessoas participantes no exercício.

MATERIAL: Caneta ou lápis e folhas em branco.

AMBIENTE FÍSICO: Uma sala suficientemente ampla para acomodar todas as pessoas participantes.

PROCESSO: I. As pessoas sentam-se em círculo e o animador explica que somos facilmente levados a formar uma imagem muitas vezes destorcida de uma pessoa, principalmente quando a vemos pela primeira vez. Enquanto assim fala, entra uma pessoa desconhecida na sala. A pessoa abre a porta, entra às pressas, olha e sai. (Convém observar que o animador conhece a pessoa e combinou, brevemente, com a mesma, como devia proceder).

II. Assim que a pessoa se retira, o animador pede ao grupo para responder, por escrito, às seguintes perguntas: "Qual a mensagem que esta pessoa deixou para vocês?" E ainda: "Quais as impressões que esta pessoa desconhecida deixou em vocês"?

III. Após uns três a quatro minutos, segue-se a leitura das respostas.

IV. Aproximadamente meia hora depois entra outra pessoa desconhecida na sala, ajuntando-se ao grupo. Ficará na sala pelo espaço de uns trinta minutos, como quem estivesse interessado em aprender, como as outras pessoas do grupo. Todos poderão observá-la consciente ou inconscientemente. O animador não fará nenhuma referência acerca da presença desta pessoa.

V. Esgotados os trinta minutos, a pessoa se retira, e o animador pede ao grupo que responda por escrito às seguintes perguntas: "A partir do momento em que vi esta pessoa, que terei eu me perguntado a mim mesmo a respeito dela, pelo simples fato de sua presença física? Que observei desta pessoa?"

VI. Após seis a oito minutos, segue-se a leitura das respostas, observando-se como a simples presença física de uma pessoa provoca tantos sentimentos e julgamentos nas outras pessoas. Pela simples presença física, o corpo da pessoa nos fala e nos faz falar.

VII. Por fim procura-se verbalizar a riqueza de comunicações que um corpo humano, mesmo em silêncio, nos oferece.

30 OLHAR, SER OLHADO, OLHAR O CORPO DAS OUTRAS PESSOAS

OBJETIVOS: a) Conscientizar as pessoas a respeito das posições diferentes que toma o corpo humano.

b) Analisar a interpretação dada às diversas posições tomadas pelo corpo humano.

TAMANHO DO GRUPO: Vinte a vinte e cinco pessoas, aproximadamente.

TEMPO EXIGIDO: Trinta minutos, dependendo do tamanho do grupo.

MATERIAL: Lápis ou caneta, e folhas em branco.

AMBIENTE FÍSICO: Uma sala suficientemnte ampla para acomodar todas as pessoas participantes.

PROCESSO: **I.** O animador começa fazendo uma exposição ao grupo de como, geralmente, pelo simples fato de vermos o corpo de outra pessoa, procuramos logo interpretá-lo. Será que somos capazes de olhá-lo, tal qual ele é agora, sem interpretá-lo? Ou será que todos nós damos a mesma posição ao corpo, às pernas, ao peito, à cabeça, aos braços, às mãos? Ou haverá alguma diferença nas posições que damos ao nosso corpo?

II. A seguir formam-se dois subgrupos, que se colocarão frente à frente na sala. Uma metade ficará de pé e a outra, sentada. A orientação do animador será no sentido de que as pessoas sentadas escolham um parceiro, do grupo que está de pé. O parceiro sentado observa, descreve e interpreta a posição do corpo e membros de seu colega de pé, procurando ser o mais objetivo possível, anotando tudo o que observa "aqui e agora".

III. Revesam-se os papéis, quem foi "observador" será "observado" e vice-versa.

IV. A seguir, procede-se à leitura das observações e à verbalização do trabalho, focalizando, principalmente:

a) a diferença de posições do corpo de cada pessoa;

b) a tendência a interpretar os sinais do corpo;

c) a consciência da interpretação permanente dos sinais do corpo no cotidiano;

d) o prazer ou desprazer que todos sentiram ao serem observados;

e) a semelhança que existe entre os próprios temores e os dos outros.

31 PÔR-SE NA PELE DO OUTRO: O ESPELHO

OBJETIVOS: a) Conscientizar as pessoas acerca da dificuldade que existe em compreender os outros.

b) Mostrar que a falta de comunicação é muitas vezes um problema de falta de compreensão.

TAMANHO DO GRUPO: Vinte a vinte e cinco pessoas, aproximadamente.

TEMPO EXIGIDO: Uns quarenta minutos.

MATERIAL: Lápis ou caneta e papel branco.

AMBIENTE FÍSICO: Uma sala suficientemente ampla que acomode todos os participantes.

PROCESSO: **I.** O animador explica inicialmente o que se entende pela expressão: "Pôr-se na pele do outro". Como é o outro, na própria pele? Como compreendê-lo para melhor comunicar? etc.

II. Em continuação, o animador pede que formem subgrupos a dois, para poderem vivenciar a situação de "espelho" com o parceiro. Este exercício tem três fases:

1ª fase: O parceiro "A" procura executar uma ação (tomar um café, trabalhar no escritório, escrever uma carta, etc.) e o colega "B" o imitará em todos os gestos, com o seu ritmo, suas emoções e com toda a precisão.

2ª fase: Invertem-se os papéis. O parceiro "B" começa a ação e "A" o imita em tudo.

3ª fase: Nessa terceira fase, é sempre a situação do espelho. Após algum tempo de concentração de um sobre o outro, cada um procurará ser, ao mesmo tempo, aquele que inicia o gesto e fará a vez do espelho, imitando os gestos do outro. Ninguém saberá o que irá acontecer. Observa-se que as duas pessoas farão ao mesmo tempo as duas coisas.

III. Finalmente, as duas pessoas comentarão a experiência vivida, pondo em comum as seguintes observações:

a) A dificuldade de estar atento durante todo o tempo.

b) A concentração sobre o outro.

c) O gesto externo, revelando o movimento interno.

d) Quem toma a iniciativa de um gesto? Quem o imitará?

32 COLOCAR-SE

OBJETIVO: Conscientizar as pessoas acerca da mudança de lugar, dentro de um grupo, e a tomada de uma posição agradável para o corpo.

TAMANHO DO GRUPO: Vinte e cinco pessoas, aproximadamente.

TEMPO EXIGIDO: Uns vinte e cinco a trinta minutos.

AMBIENTE FÍSICO: Uma sala suficientemente ampla para acomodar todos os participantes.

PROCESSO: **I.** O animador propõe que cada participante escolha um lugar e tome uma posição confortável. Quem não estiver bem acomodado, poderá fazê-lo ainda.

II. O que se deve observar é o seguinte: a partir do momento em que todos receberam ordem para escolher uma posição de conforto, quem é que mudou de posição, e quem é que mudou de lugar? Que mudança fizeram?

III. Há quem muda de lugar e há quem modifica a posição do corpó. Cada qual irá dizer ao grupo a mudança que fez.

IV. Como acontece ao receber a ordem de tomar uma posição agradável, há os que mudam de lugar e outros mudam de posição de apoio do corpo.

V. Na verbalização que segue o exercício, convém conscientizar as pessoas acerca do que fazem quando procuram tomar uma posição confortável para o corpo.

33 VER-SE: A IMAGEM DO CORPO HUMANO

OBJETIVO: Focalizar a diferença que existe entre a imagem que todos fazem de seu corpo e a realidade física do próprio corpo.

TAMANHO DO GRUPO: Vinte e cinco pessoas, aproximadamente.

TEMPO EXIGIDO: Uns quarenta minutos, aproximadamente.

MATERIAL: Caneta ou lápis e folhas em branco.

AMBIENTE FÍSICO: Uma sala suficientemente ampla, para acomodar todas as pessoas.

PROCESSO: **I.** O animador começa formulando algumas perguntas ao grupo: Que imagem fazem todos acerca de seu próprio corpo? Como é que cada qual se vê? Será interessante conhecer seu próprio corpo? O que conhecemos acerca dele? Será que todos conhecemos a realidade *física* de nosso corpo ou conhecemos *imagens* que se formaram na nossa cabeça e que colorimos com julgamentos positivos ou negativos?

II. Em continuação o animador sugere o seguinte: "Para melhor sentirem qual a imagem que fazem do próprio corpo, fechem os olhos e procurem *ver-se* como numa tela localizada no interior da cabeça. Procurem fixar-se, por alguns momentos, nessa imagem.

III. Após um, dois ou três minutos de concentração, o animador pode perguntar aos participantes se esta imagem representa uma das imagens que todos têm de seu próprio corpo. Será que ela corresponde ao que todos são fisicamente?

IV. O animador procura conscientizar o grupo de que a imagem que temos de nosso corpo jamais é idêntica à realidade física de nosso corpo. Para isso poderá exemplificar com particularidades mais precisas. (Como: o tamanho, a cor, a forma exata, etc.). Nós só temos uma imagem deformada da realidade física de nosso corpo.

V. Pode-se ainda alargar essa visão de si, e fazer a mesma coisa, situando a pessoa num grupo, com outras pessoas. É curioso observar que a imagem que temos de nós, no momento em que estamos num grupo, varia, e há pessoas que enxergam o grupo e não se vêem a si próprias.

VI. Em seguida, o animador propõe ao grupo que responda à seguinte pergunta: "Quando vejo o meu corpo e a imagem que dou aos outros (aquela que eles vêem, quando me observam), será aquela de que eu gosto ou será aquela de que não gosto?

VII. Se nenhuma das duas perguntas o satisfizer, poderá formular uma terceira, à própria escolha.

VIII. A seguir haverá a leitura e a verbalização do trabalho feito, enriquecendo a reflexão com um ou outro dos seguintes aspectos:

a) A diferença entre o corpo humano e a imagem do corpo.

b) A imagem do corpo humano, como uma "tela" na comunicação.

c) As fontes exteriores da imagem do corpo humano.

34 OS CORPOS REVELAM UMA POSIÇÃO SOCIAL

OBJETIVOS: a) Sentir que atrás de nosso corpo há a instituição (os organismos, os ritos, os direitos e os temores).

b) Sentir que atrás da instituição há outras instituições.

c) Sentir que atrás das instituições há pessoas, há decisões tomadas por elas, há relações que se estabelecem entre elas, e situações da primeira infância que se reproduzem.

TAMANHO DO GRUPO: Vinte a vinte e cinco pessoas, aproximadamente.

TEMPO EXIGIDO: Uma hora, dependendo do grupo.

MATERIAL: Lápis ou caneta e folhas em branco.

AMBIENTE FÍSICO: Uma sala com cadeiras, suficientemente ampla para acomodar todas as pessoas participantes.

PROCESSO: I. O animador começa propondo ao grupo que cada qual se imagine em "situações passadas da vida em que não se sentiram à vontade nas comunicações com outras pessoas". Ou ainda, situações em que as palavras não saíram facilmente, pelo acanhamento, medo ou outras dificuldades. Quase todas as pessoas passaram por tais situações, na vida.

II. Após uns seis a sete minutos, todos, um a um, lêem suas anotações.

III. Geralmente se observa que as situações mais constrangedoras e apresentadas pela maioria do grupo se referem à comunicação com os "superiores", e não com iguais ou com "inferiores".

IV. Diante dessa situação, o animador escolhe para o exercício uma secretária e dois protagonistas e propõe a dramatização do seguinte fato: Uma determinada pessoa foi procurar o chefe de pessoal de uma empresa para informar-se acerca de um emprego, antes de candidatar-se ao mesmo. O pretendente bate à porta. A secretária atende, convidando-o a entrar. Ao atender, saúda-o, pedindo que aguarde sentado. Entra na sala do chefe para anunciá-lo. Enquanto espera, apressado e nervoso, procura no bolso um bilhete no qual anotara o seu pedido. Nisso aparece a secretária, o que não permitiu fosse lido o bilhete, antes de ser atendido pelo chefe.

O chefe pede para entrar, anuncia a secretária. Imediatamente ele se levanta, e, com um sorriso nos lábios, entra. Olha para o chefe, que continua sentado à sua mesinha, parecendo neutro, preocupado com seu trabalho, de escritório. "Bom-dia", diz ele, e espera mais um pouco. Após alguns minutos, o chefe manda-o sentar. Ele se assenta na beirada da cadeira, ocupando só um terço da mesma. Acanhado, meio encurvado, a cabeça inclinada levemente para frente, começa a falar, dizendo ter lido um anúncio de que a empresa estava precisando contratar mais funcionários e que, antes de candidatar-se, desejava obter algumas informações a respeito do trabalho. Sua fala é fraca, tímida, preocupando-se em não dizer demais. Sua cabeça está apoiada nas mãos, olhando sempre o chefe por baixo das sobrancelhas.

Eis que o chefe, que até agora permanecia calado, diz ao candidato: "Fale-me primeiro algo a respeito de sua formação e de sua experiência".

A esta altura, o candidato já não insiste em ter informações, procurando responder imediatamente à pergunta do chefe, continuando sempre sentado na beirada da cadeira.

V. Nisso, o animador aplica uma técnica usada em psicodramatização. Pára e inverte os papéis. O candidato se torna o chefe do pessoal, sentando-se no escritório, no lugar ocupado pelo chefe, e este ocupa a posição do candidato, fazendo o seu papel.

VI. É importante observar como o comportamento das pessoas muda radicalmente. O candidato toma uma posição reta, firme, sentando-se corretamente. Enquanto o chefe deixa seu ar de autoridade, e apresenta-se humilde, acanhado, falando com voz sumida. E o exercício continua.

VII. O animador pede aos observadores do grupo que façam uma lista de anotações de tudo o que constataram e a mensagem que os dois protagonistas deixaram na dramatização.

VIII. A seguir, cada observador lerá suas anotações, e segue a verbalização acerca da experiência vivida.

35 EXERCÍCIOS DE VISÃO

OBJETIVOS: **a)** Sensibilizar o órgão da visão.

b) Obrigar os participantes a caracterizar a diferença entre "olhar" e "ver".

TAMANHO DO GRUPO: Com qualquer número.

TEMPO EXIGIDO: Trinta minutos, aproximadamente.

AMBIENTE FÍSICO: Uma sala suficientemente ampla para acomodar todas as pessoas participantes.

PROCESSO: **I.** O animador começa por explicar a máxima importância que todos temos em aprender a *ver*. No dia-a-dia acontece que muitas vezes *olhamos* e não *vemos.*

II. A seguir convida os participantes do grupo a perambularem pela sala, procurando ver com atenção, descobrindo coisas novas.

III. Decorridos cinco minutos, o animador coloca um relógio de pulso sobre a mesa com o mostrador virado para cima, e pede aos participantes que olhem com atenção esse relógio.

IV. Uma vez visto o relógio, o animador formulará as seguintes perguntas:

1) "De que marca é o relógio?"; **2)** "Como é o marcador: em algarismos arábicos ou romanos?"; **3)** "Outras características?"

V. Uma vez colhidas as respostas, verificar-se-á que muitos só olharam o relógio sem o terem visto realmente.

36 O «GANHADOR» E O «PERDEDOR»

O ganhador diz: "Vamos ver".
O perdedor diz: "Ninguém sabe".
Quando o ganhador faz um erro, diz: "Estou errado, enganei-me".
Quando o perdedor faz um erro, diz: "Não foi por minha culpa".
O ganhador acredita na boa sorte, mesmo que não tenha sido tão boa. É otimista.
O perdedor lamenta sua "má sorte", embora nem sempre tenha sido tão má.
O ganhador sabe como e quando dizer: "sim" e "não".
O perdedor diz: "Sim, mas", e "talvez não", em tempo e razões erradas.
O ganhador trabalha mais do que o perdedor, e tem mais tempo.
O perdedor está sempre "ocupado demais", para fazer aquilo que é necessário.
O ganhador enfrenta o problema.
O perdedor contorna o problema.
O ganhador assume compromissos.
O perdedor faz promessas.
O ganhador fica triste por não poder fazer mais.
O perdedor pede "desculpas", mas faz a mesma coisa, numa próxima ocasião.
O ganhador sabe para que está lutando, e quando assumir compromissos.
O perdedor se compromete, quando não devia, e luta por aquilo que não convém.
O ganhador diz: "Estou bom, mas não tão bom, como deveria ser".
O perdedor diz: "Não sou tão ruim, como muita gente".
O ganhador escuta.

O perdedor apenas aguarda a sua vez para falar.

O ganhador prefere ser admirado a ser amado, embora prefira ambos.

O perdedor prefere ser amado a ser admirado.

O ganhador sente-se bastante forte para ser gentil.

O perdedor jamais se mostra gentil, mas é fraco, ou às vezes um tanto cansado.

O ganhador respeita seus superiores, e procura aprender algo deles.

O perdedor guarda ressentimento contra os superiores e até procura armar ciladas contra eles.

O ganhador explica.

O perdedor procura justificar-se.

O ganhador sente-se responsável por realizar sempre mais.

O perdedor diz: "Só trabalho aqui".

O ganhador diz: "Deve haver uma maneira melhor de se fazer isso".

O perdedor diz: "Sempre se fez assim".

O ganhador sabe controlar-se.

O perdedor só tem duas velocidades: uma histérica e a outra letárgica.

Dr. Whitt N. Schultz

BIBLIOGRAFIA

1. ALCÂNTARA, Alcides de, **Dinâmica de Grupo e sua Importância no Ensino.** SENAI — Departamento Nacional, Rio de Janeiro 1972.

2. ALICE. "Negotiating for Group and Trainers", **Social Change,** Ideas & Applications. NTL Institute, Volume 4, nº 2, 1974.

3. ALMEIDA, Paulo Nunes de. **O Ensino Globalizante em Dinâmica de Grupo.** Saraiva S.A., São Paulo 1973.

4. ANTUNES, Celso. **Técnicas Pedagógicas de Dinâmica de Grupo.** Editora Brasil S.A., São Paulo 1970.

5. BERNE, Eric. **Juegos en que participamos.** Diana, México 1964.

6. BERSCHED, Ellen e Walster, Elaine Hatfield. **Atração Interpessoal.** Editora Edgard Blucher Ltda., São Paulo 1973.

7. CARTWRIGHT, Dorwin and Zander, Alvin. **Group Dynamics.** Harper & Row Publishers, Nova Iorque 1968.

8. HARRIS, Thomas A. **Eu estou OK — Você está OK; as relações do bem-estar pessoal.** 2ª Edição, Artenova, Rio de Janeiro 1973.

9. KLEIN, Josephine. **O Trabalho de Grupo.** Zahar Editores, Rio de Janeiro 1974.

10. LASSEY, William R. **Leadership and Social Change.** University Associated Press, Iowa 1971.

11. LIMA, Lauro de Oliveira. **Dinâmica de Grupo.** Editora Vozes Limitada, Petrópolis 1969.

12. MAILHOT, Gérard Bernard. **Dinâmica e Gênese dos Grupos.** Livraria Duas Cidades, São Paulo 1970.

13. MAISONNEUVE, Jean. **La Dinámica de Los Grupos.** Editorial Proteo, Buenos Aires.

14. MILL, Cyril R., "Working with Hostile Groups". **Social Change,** Ideas & Applications. NTL Institute, Volume 4, nº 1, 1974.

15. MILL, Theodore M. **Sociologia dos Pequenos Grupos.** Livraria Pioneira Editora, São Paulo 1970.

16. MINICUCCI, Agostinho. **Dinâmica de Grupo na Escola.** Edições Melhoramentos, São Paulo 1970.

17. PEREIRA, Gilberto da Silva. **Análise Transacional.** Documento da Divisão de Documentação e intercâmbio do Departamento nacional do SESC, Rio de Janeiro (abril e junho) 1974.

18. RIOS, José Arthur. **A Educação dos Grupos.** Serviço Nacional de Educação Sanitária, Rio de Janeiro 1962.

19. SCHMUCK, Richard A. and Schmuck, Patricia A. **Group Processes in the Class-room.** WM. C. Brown Company Publishers, Iowa 1972.

20. SHEPHERD, Clóvis R. **Pequenos Grupos.** Editora Atlas S.A., São Paulo 1963.

21. STANDFORD, Gene. **Learning Discussion Skills Through Games.** Citation Press, Nova Iorque 1969.

22. VELA, Jesus Andrés. **Técnicas y Prácticas de Las Relaciones Humanas.** Indo-American Press Service, Bogotá.

23. WEIL, Pierre. **Dinâmica de Grupo e Desenvolvimento em Relações Humanas.** Editora Itatiaia Limitada, Belo Horizonte 1967.

24. WEIL, Pierre. **Relações Humanas na Família e no Trabalho.** Editora Vozes Limitada. Petrópolis 1971.

EDITORA VOZES

SEDE

Petrópolis, RJ
(25689-900) Rua Frei Luís, 100
Caixa Postal 90023
Tel.: (0242) 37-5112
Fax: (0242) 31-4676

UNIDADES DE VENDA

BELO HORIZONTE, MG
Atacado
(31010-220) Rua Mármore, 326 – Santa Teresa
Tel.: (031) 461-1882
Fax: (031) 461-1157
Varejo
(30190-060) Rua Tupis, 114
Tel.: (031) 273-2538
Fax: (031) 222-4482

BRASÍLIA, DF
Atacado e varejo
(70730-516) SCLR/Norte, Q 704, Bl. A, nº 15
Tel.: (061) 223-2436
Fax: (061) 223-2282

Goiânia, GO
Varejo
(74023-010) Rua 3, nº 291
Tel.: (062) 225-3077
Fax: (062) 225-3994

CAMPINAS, SP
Atacado
(13090-061) Rua Paula Bueno, 782 – Taquaral
Tel.: (019) 254-3826
Fax: (019) 251-8369
Varejo
(13015-002) Rua Br. de Jaguara, 1164
Tel.: (019) 231-1323
Fax: (019) 234-9316

Campo Grande, MS
Escritório comercial
(79002-184) Rua Dom Aquino, 1789 – Conj. 37
3º andar
Tel.: (067) 384-1535

CURITIBA, PR
Atacado
(80060-140) Rua Dr. Faivre, 1271
Tel.: (041) 264-9112
Fax: (041) 264-9695
Varejo
(80020-000) Rua Voluntários da Pátria, 41
loja 39
Tel.: (041) 233-1392
Fax: (041) 233-1570

Londrina, PR
Varejo
(86010-390) Rua Piauí, 72 – loja 1
Tel.: (043) 337-3129
Fax: (043) 325-7167

Florianópolis, SC
Escritório comercial
(88101-000) Av. Pres. Kennedy, 698 – sl. 415
Campinas – São José
Tel. e Fax: (048) 241-1007

FORTALEZA, CE
Atacado e varejo
(60025-100) Rua Major Facundo, 730
Tel.: (085) 231-9321
Fax: (085) 221-4238

JUIZ DE FORA, MG
Atacado e Varejo
(36010-041) Rua Espírito Santo, 963
Tel. e Fax: (032) 215-8061

PORTO ALEGRE, RS
Atacado
(90035-000) Rua Ramiro Barcelos, 386
Tel.: (051) 225-4879
Fax: (051) 225-4977
Varejo
(90010-273) Rua Riachuelo, 1280
Tel.: (051) 226-3911
Fax: (051) 226-3710

RECIFE, PE
Atacado e varejo
(50050-410) Rua do Príncipe, 482
Tel.: (081) 423-4100
Fax: (081) 423-7575

RIO DE JANEIRO, RJ
Atacado
(20211-130) Rua Benedito Hipólito, 1
Cidade Nova
Tel.: (021) 224-0864
Fax: (021) 252-6678
Varejo
(20031-201) Rua Senador Dantas, 118-I
Tel.: (021) 220-8546
Fax: (021) 220-6445

SALVADOR, BA
Atacado e varejo
(40060-410) Rua Carlos Gomes, 698-A
Tel.: (071) 322-8666
Fax: (071) 322-8087

SÃO PAULO, SP
Atacado
(01309-001) Rua Luís Coelho, 295
Tel.: (011) 258-6910
Fax: (011) 257-0452
Varejo
(01006-000) Rua Senador Feijó, 168
Tel.: (011) 605-7144
Fax: (011) 607-7948
Varejo
(01414-000) Rua Haddock Lobo, 360
Tel.: (011) 256-0611
Fax: (011) 258-2841